Llegar a Estados Unidos

Marcus McArthur, Ph.D.

Asesoras

Shelley Scudder
Maestra de educación de
estudiantes dotados
Broward County Schools

Caryn Williams, M.S.Ed.
Madison County Schools
Huntsville, AL

Créditos de publicación

Conni Medina, *M.A.Ed., Gerente editorial*
Lee Aucoin, *Diseñadora de multimedia
    principal*
Torrey Maloof, *Editora*
Marissa Rodriguez, *Diseñadora*
Stephanie Reid, *Editora de fotos*
Rachelle Cracchiolo, M.S.Ed., *Editora
    comercial*

Créditos de imágenes: págs. 25, 28, 29
(arriba) Alamy; pág. 29 (abajo) Blake S.;
pág. 26–27 Digital Wisdom; págs. 10–11,
14–15, 18 (arriba), 21, 24, 26 (izquierda)
iStockphoto; pág. 8 Map Store; pág. 6–7
Mapping Specialists; págs. 12, 14, 16,
18 (abajo), 22 (arriba) Stephanie Reid;
todas las demás imágenes pertenecen
a Shutterstock.

Teacher Created Materials
5301 Oceanus Drive
Huntington Beach, CA 92649-1030
http://www.tcmpub.com
ISBN 978-1-4938-0542-6
© 2016 Teacher Created Materials, Inc.
Printed in Malaysia.
Thumbprints.42806

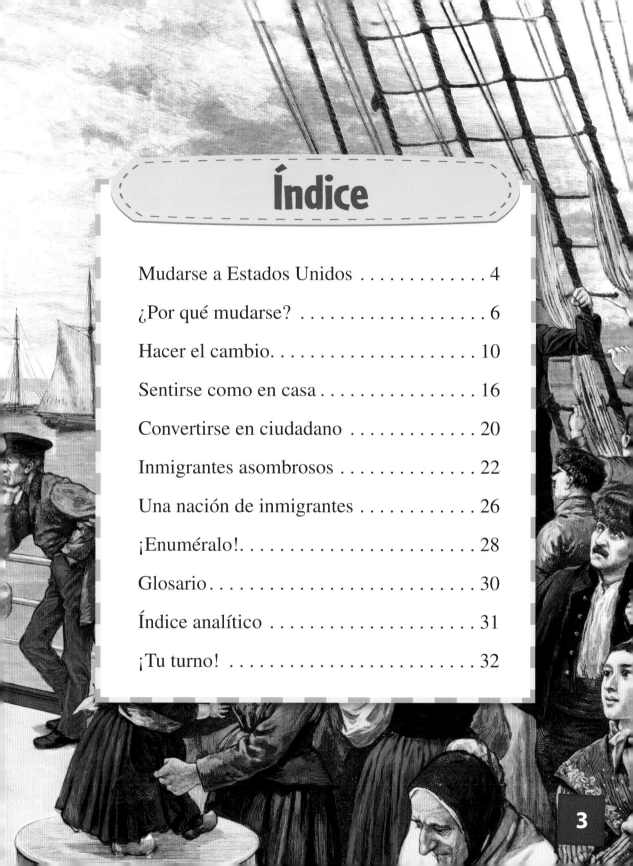

Índice

Mudarse a Estados Unidos 4

¿Por qué mudarse? 6

Hacer el cambio. 10

Sentirse como en casa 16

Convertirse en ciudadano 20

Inmigrantes asombrosos 22

Una nación de inmigrantes 26

¡Enuméralo!. 28

Glosario. 30

Índice analítico 31

¡Tu turno! 32

Esta familia se está mudando a otro país.

Mudarse a Estados Unidos

¿Alguna vez tu familia se mudó a otro lugar? Es posible que se hayan mudado a otra ciudad u otro estado. Dejar tu hogar puede ser difícil. Significa ir a una nueva escuela. Significa hacer nuevos amigos.

Estos inmigrantes están llegando a Estados Unidos a principios del siglo xx.

Imagina que te mudas a otro país. Las personas que dejan sus hogares para vivir en otro país se llaman **inmigrantes**. Hay muchos inmigrantes en Estados Unidos. Provienen de distintos países del mundo.

¿Por qué mudarse?

Los inmigrantes dejan sus países de origen por muchas razones. Algunos se mudan a Estados Unidos para escapar de la guerra. Quieren vivir en un lugar donde estén seguros. Otros inmigrantes buscan alejarse de malos líderes. Llegan a Estados Unidos para que los traten de manera justa.

Estos inmigrantes van camino a Estados Unidos en 1902.

También hay inmigrantes que dejan sus países de origen por sus **creencias**. Es posible que se los maltrate por lo que creen. O tal vez no pueden practicar su **religión**. Llegan a Estados Unidos para tener la libertad de creer en lo que quieran.

Estos niños llegaron a Estados Unidos desde China.

Algunos inmigrantes se van porque en sus países de origen hay demasiada gente. No hay suficientes trabajos ni casas para todas las personas que viven allí. Entonces llegan a Estados Unidos para encontrar un lugar donde vivir y trabajar.

Esta familia llegó a Estados Unidos desde México.

Muchos inmigrantes llegan a Estados Unidos en busca de nuevas **oportunidades**. Las oportunidades son posibilidades de hacer algo y triunfar. Los inmigrantes desean una vida mejor. Muchos inmigrantes creen que los sueños pueden convertirse en realidad en Estados Unidos. Solo hace falta esforzarse. A esta idea se la llama el *Sueño americano*.

En este aviso de 1919 se les dice a los inmigrantes qué puede ofrecerles Estados Unidos.

Hacer el cambio

Hace mucho tiempo, no era fácil viajar a Estados Unidos. Muchos inmigrantes llegaron en barco. Tuvieron que vender todo lo que tenían para comprar un pasaje. Muchas veces tuvieron que dejar a sus amigos y a otros miembros de su familia.

Este barco está lleno de inmigrantes que llegaron a Estados Unidos en 1907.

El viaje no era fácil. Podía tomar una o dos semanas. La mayoría de los inmigrantes viajaban en la bodega. Allí permanecían las personas que compraban los pasajes más baratos. Estaba muy sucio y lleno de gente. A menudo, las personas se enfermaban. Cuando los inmigrantes llegaban a Estados Unidos, estaban ansiosos por bajarse del barco.

Tercera clase

Casi todos los barcos estaban divididos en tres partes. Las personas que tenían mucho dinero viajaban en primera clase o en segunda clase. Tenían su propio dormitorio. Quienes no tenían mucho dinero compraban pasajes de tercera clase. Viajaban en la bodega.

Estas personas están en un barco que se dirige a Estados Unidos en 1899.

Hace mucho tiempo, los barcos provenientes de Europa se dirigían a Ellis Island. Era una estación de **inmigración** de la ciudad de Nueva York. Camino a la estación, los barcos pasaban por la Estatua de la Libertad. Algunos inmigrantes veían la estatua y aclamaban. Se sentían felices de estar en Estados Unidos.

Los funcionarios examinan a los inmigrantes en Ellis Island en 1913.

En la estación, todos los inmigrantes debían pasar un examen médico. Esto significa que les revisaban el cuerpo. Debían estar sanos para ingresar a Estados Unidos. Los inmigrantes que estaban enfermos debían quedarse en la estación. A veces, se los enviaba de regreso a casa.

Annie de Ellis Island

Ellis Island se inauguró el 1.° de enero de 1892. La primera persona que pasó por la estación de inmigración fue una jovencita. Se llamaba Annie Moore. Tenía 14 años y era de Irlanda.

Ellis Island

En el pasado, los barcos que llegaban de Asia se dirigían a Angel Island. También era una estación de inmigración. La mayoría de los inmigrantes que llegaban a esta estación eran chinos.

Haz una visita

Angel Island está en San Francisco, California. Hoy es un museo. Puedes visitarlo. Puedes aprender más sobre los inmigrantes que estuvieron allí.

Angel Island

Los inmigrantes no recibían un buen trato en Angel Island. A veces los hacían quedarse allí por semanas. Debían permanecer en celdas pequeñas y sucias. Las celdas parecían jaulas de zoológico. Los inmigrantes recibían muy pocos alimentos. También debían someterse a exámenes médicos. Además, tenían que responder preguntas sobre ellos mismos. Si respondían de manera incorrecta, podían enviarlos de regreso a casa.

Ellos son inmigrantes chinos en Angel Island en 1923.

Esta es la Pequeña Italia de Nueva York en el pasado.

Sentirse como en casa

No siempre es fácil ser un inmigrante. Algunos inmigrantes pueden usar ropa diferente. Tal vez coman comidas diferentes. A veces, los inmigrantes no hablan inglés.

El Barrio chino

En Estados Unidos hay algunos barrios chinos. Este está en San Francisco, California. Es el hogar de la comunidad china más grande fuera de Asia.

Este es el Barrio chino de San Francisco hoy en día.

Hace mucho tiempo, a los inmigrantes no se los trataba bien. Las personas podían lastimarlos por su aspecto o por su forma de hablar. Los inmigrantes querían sentirse seguros. Entonces crearon sus propias **comunidades**. Una comunidad es un grupo de personas que tienen los mismos intereses y viven en la misma zona. Es así como se formaron lugares como la Pequeña Italia o el Barrio chino.

Algunos inmigrantes aún son víctimas del **prejuicio**. Prejuicio significa tratar a las personas injustamente porque pertenecen a un cierto grupo. A algunas personas no les gustan quienes son diferentes a ellos. Creen que todos deben verse iguales. Piensan que todos deben actuar de la misma manera. Se sienten incómodos cuando no es así.

Esta canción del pasado cuenta por qué una joven no consigue trabajo por ser irlandesa.

Es posible que estas personas también sientan temor.
O que se enojen. A veces no son agradables. Se olvidan
de que los inmigrantes son personas al igual que ellos.

¡Prohibido pasar!

Hace mucho tiempo, Estados Unidos
creó nuevas leyes. Estableció cupos. Los
cupos limitaron la cantidad de personas
que podían mudarse a Estados Unidos. En
1965, Estados Unidos eliminó los cupos.

En esta caricatura se observa de qué manera
Estados Unidos estableció cupos de inmigración.

Esta inmigrante ya es ciudadana estadounidense.

Convertirse en ciudadano

Algunos inmigrantes eligen convertirse en **ciudadanos** estadounidenses. Los ciudadanos son los miembros de un país. Tienen derechos. En Estados Unidos, los ciudadanos pueden votar, o elegir, a sus líderes. Pueden hablar libremente. Pueden tener sus propias creencias.

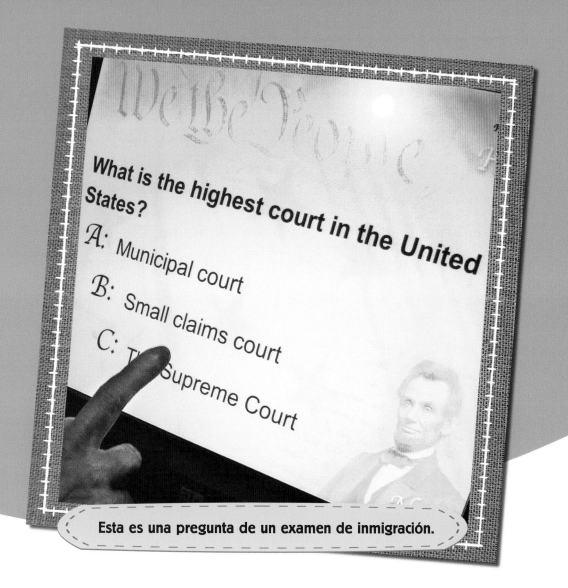

What is the highest court in the United States?

A: Municipal court

B: Small claims court

C: The Supreme Court

Esta es una pregunta de un examen de inmigración.

Para convertirse en ciudadanos, los inmigrantes deben vivir en Estados Unidos durante cinco años. Luego, pueden tomar un examen. Deben conocer la historia estadounidense. También deben saber sobre el gobierno. Y deben hablar inglés. Si aprueban el examen, ¡se convierten en ciudadanos!

Inmigrantes asombrosos

Muchos estadounidenses asombrosos fueron inmigrantes. Algunos de los mejores pensadores provenían de otros países. Albert Einstein fue un científico inteligente. Nació en Alemania. Se le ocurrieron nuevas ideas sobre el espacio y el tiempo. Se convirtió en ciudadano estadounidense en 1940.

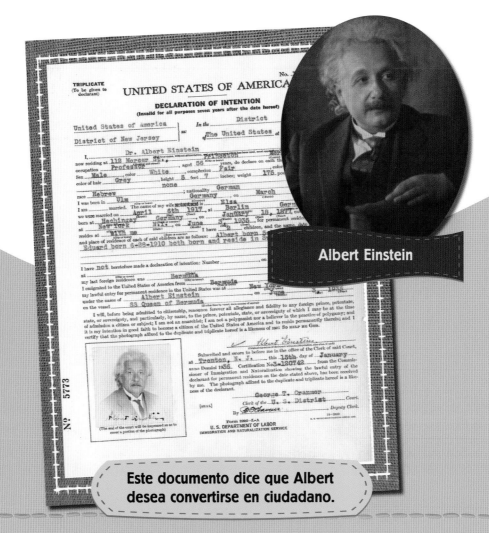

Albert Einstein

Este documento dice que Albert desea convertirse en ciudadano.

¿Alguna vez usaste pantalones de mezclilla Levi? ¿Sabías que los diseñó un inmigrante? Levi Strauss era europeo. Llegó a Estados Unidos en 1843. Fue el primero en crear pantalones de mezclilla. Los hizo para los mineros que buscaban oro.

Esta es una etiqueta de pantalones de mezclilla Levi.

¿Te gustan los deportes? Muchas estrellas del deporte son inmigrantes. Albert Pujols es un beisbolista famoso. Es de República Dominicana. Llegó a Estados Unidos en 1996. Contribuyó a que su equipo ganara la Serie Mundial en el 2006.

Albert Pujols

Muchos inmigrantes contribuyeron a mejorar Estados Unidos. No todos son famosos. Kim Delevett nació en Vietnam. Llegó a Estados Unidos en 1975. Hoy ayuda a otros inmigrantes a sentirse orgullosos de quiénes son y del lugar de donde provienen. Da discursos sobre la importancia de recordar tu país de origen y tus **tradiciones**.

Ella es Kim con su hermano en Vietnam en el 2005.

Ella es Kim (al frente) cuando era niña con su familia en Vietnam en 1975.

Una nación de inmigrantes

Los inmigrantes han dado muchas cosas a Estados Unidos. Han compartido sus tradiciones y creencias. También han compartido sus ideas y habilidades.

Este niño celebra con una tradición de los inmigrantes.

Los inmigrantes también aportan **diversidad** a Estados Unidos. Diversidad significa tener muchos tipos de personas diferentes. La diversidad fortalece nuestro país. Nos ayuda a ver el mundo de otra manera. Podemos probar alimentos de todo el mundo. Podemos aprender nuevas ideas. En muchos aspectos, los inmigrantes han hecho de Estados Unidos lo que es hoy.

En este grupo de estudiantes se observa diversidad.

¡Enuméralo!

Imagina que tu familia se está mudando a otro país. Enumera las dos cosas que más extrañarás de tu hogar. Enumera dos cosas que te entusiasman de tu nuevo país.

Esta familia se está mudando a otro país.

Mi familia se está mudando a Francia.
Las dos cosas que voy a extrañar de mi hogar son:
1. mis amigos
2. mi escuela

Las dos cosas que me emosionan son:
1. ver la Torre Eiffel
2. aprender a ablar francés

Esta es la lista del niño.

Glosario

ciudadanos: miembros de un país o un lugar

comunidades: lugares donde grupos de personas viven y trabajan juntas

creencias: ideas y sentimientos que una persona acepta como verdaderos o correctos

diversidad: tener distintos tipos de personas en un grupo

inmigración: cuando las personas se mudan a otro país para vivir allí

inmigrantes: personas que se mudan a otro país para vivir allí

oportunidades: posibilidades de hacer cosas y triunfar

prejuicio: tratar a las personas en forma injusta porque pertenecen a un cierto grupo

religión: un sistema de creencias y normas

tradiciones: maneras de pensar o hacer las cosas que han sido empleadas por un grupo de personas o una familia durante mucho tiempo

Índice analítico

Angel Island, 14–15

comunidades, 17

Delevett, Kim, 25, 32

diversidad, 27

Einstein, Albert, 22

Ellis Island, 12–13

Moore, Annie, 13

prejuicio, 18

Pujols, Albert, 24

Strauss, Levi, 23

¡Tu turno!

Inmigrantes asombrosos

Kim Delevett es una inmigrante asombrosa. Ayuda a otros inmigrantes a sentirse orgullosos de quiénes son.

¿Conoces algún inmigrante asombroso? Haz un dibujo de la persona. Luego, escribe una oración para contar sobre él o ella.